大展好書　好書大展
品嘗好書　冠群可期

簡化太極拳 3

吳式太極拳十三式

李秉慈／編著

大展出版社有限公司

作者簡介

　　李秉慈，1929 年 11 月生於北京。1946～1982 年先後從師楊禹廷、常振芳、史正剛、駱興武、單香陵、劉談鋒等名師，學習太極拳、械、推手、查拳、大悲拳、形意拳、六合螳螂拳及程派八卦掌等。

　　現爲國家級社會體育指導員，國家級武術裁判員和國家武協委員，北京市吳式太極拳研究會會長，曾任東城區政協常委。1995 年被中國武協評爲「中華武林百傑」之一，武術段位制首批七段。

　　從事武術教學、訓練、調研、評審、裁判等工作三十餘年，培養了一大批優秀人才，其中有的連續九年和六年分獲全國武術錦標賽吳式太極拳的男、女冠軍，學生遍及海內外。

　　曾參加《二十四式太極拳競賽套路》和

《四十二式太極劍》及推手教程的編審、錄影工作，與師弟翁福麒共同編著《楊禹廷太極拳系列秘要集錦》和《吳式太極拳拳械述眞》等著作，並錄製吳式太極拳、械、推手等錄影帶和 VCD 二十餘部發行世界各地。

編者的話

太極拳是在中華民族博大精深的傳統文化中孕育、產生和發展起來的一種拳術,在我國有著廣泛和深厚的群眾基礎。特別是太極拳的修身養性、強身健體和袪病延年的功效,吸引了千千萬萬的愛好者,並透過習練而從中獲益。

在現代社會經濟高速發展的快節奏生活中,太極拳運動更有著不可低估的價值,它有利於練習者養成良好的生活習慣,增強自信,增進健康,緩解各種壓力,建立良好的人際關係,從而提高生活質量。為此,我社特邀目前國內太極拳六大門派的重要代表人物和傳人,編寫了這套簡化太極拳十三式叢書。

本著簡便、易行、有效的原則,這套叢書在保持了傳統套路的練習方法和練功要求的基礎上,對傳統套路順序的安排進行了精心選

編，選取了傳統套路中有代表性的動作，既合理科學，又簡便易學，並縮短了整個套路的練習時間，便於學練者掌握和練習。

由這套叢書的出版，我們衷心祝願廣大太極拳愛好者能夠堅持不懈、提高技藝、怡情益智，以飽滿的精神和充沛的體力投入學習和工作中，去享受生活的樂趣。

本書中的技術動作由李秉慈先生演示。

目　　錄

吳式太極拳概要

一、吳式太極拳簡介和運動特點

吳式太極始於滿族人全佑，後經其子吳鑒泉加以改進而形成一個流派，它是從楊式太極拳所傳的拳式發展創新的。

吳式太極拳的運動特點可以概括為十六個字：輕靜柔化，緊湊舒伸，川字步型，斜中寓正。這十六個字體現了吳式太極拳的運動風格、特點和內涵，以及對身法、步法的規範和要求，是對吳式太極拳內外兼修、意形並重等特點的總結。吳式太極拳以柔化著稱，動作輕鬆自然，連續不斷，拳式小巧靈活，拳架由開展而緊湊，緊湊中不顯拘謹。技擊上強調以柔濟剛，以靜待動，以小制大，以退為進。推手動作嚴密細膩，守靜而不妄動，以柔化見長。

二、吳式太極拳基本動作方法

（一）手型

1.掌

五指自然舒展，掌心微含，虎口呈弧形。

2.勾

拇指、食指和中指尖自然捏攏，腕微屈，無名指和小指屈向掌心。

3.拳

五指卷屈，拇指壓於食指、中指第二指節上，握拳不可太緊，拳面要平。

（二）手法

1.沖拳

要求拳自腰間立拳向前打出，高不過肩，低不過胸，力達拳面，如搬攔捶的拳法。

2.栽拳

要求拳自耳旁向前下方打出，拳面斜朝

下，拳心向內，高不過胯，低不過膝，臂自然伸直，力達拳面，如摟膝左栽捶的拳法。

3. 撇拳

要求一手握拳屈臂，手臂呈弧形，拳心朝下，自身體異側向前上方翻臂撇打（上弧），拳心朝上，如撇身捶的右上臂動作。

4. 單推掌

要求拇指一側朝上，掌指朝前經耳旁內旋向前推出成立掌，力達掌心，如摟膝拗步、倒卷肱的推掌。

5. 摟掌

要求掌自身體異側經體前弧形下摟至同側膝外側，掌心向下，掌指朝前，臂微屈，如摟膝拗步的摟掌、倒卷肱的摟掌。

6. 攔掌

要求掌經體側向上，立掌向胸前攔，掌心朝異側，掌指斜朝上，如搬攔捶的左手動作。

7. 斜分掌

要求兩手斜十字交叉，向斜，向前上、後下分開，如野馬分鬃的斜向分掌動作。

8. 穿掌

要求平掌沿體前向異側（俯掌）穿伸，指

尖與穿伸方向相同，力達指尖，如右穿梭的轉身向左前穿右掌動作。

9. 架掌

要求手臂內旋，掌自下向上架至頭側上方，臂呈弧形，掌心朝上，掌高過頭，如閃通臂的右臂動作。

10. 插掌

要求一手自上向前弧形下插，掌指朝斜前下方，掌心向內，如海底針的右掌指下插動作。

（三）臂型

其意是指胳膊的形狀，包括手、腕、肘、肩形成的整個臂型。

1. 前立推掌臂型

五指分開，虎口向上撐圓，微坐腕，掌指斜向上，拇指尖與食指中節基本成水平，肘尖下沉與肩成斜下直線（不內不外），肩下鬆內收，肩軸微外旋。前立推掌的臂型完成時，指、掌、腕、肘、肩使胳膊自然形成下弧，如左右攬雀尾的前手、倒卷肱的前手、右迎面掌

的右手。

2. 側立推掌臂型

與前立推掌臂型類同，惟掌心向內，如搬攔捶的左掌（攔）、右穿梭接單鞭第一動的挑掌。

3. 下按掌臂型

與前立推掌臂型類同，惟掌心向下，指尖向前，如預備式雙掌下按、倒卷肱的下按掌。

（四）身型

頭虛領頷內收，肩沉肘墜，胸舒內含，鬆腰拔背，斂臀正胯，屈膝自然，膝與腳尖同向。

身型「斜中寓正」即「定式斜中正」，是吳式太極拳很有代表性的一個特點。吳式太極拳的傾斜身型（定勢時正弓步姿勢的「斜」），從身法、步法的完整姿勢來看，整體外形向前傾斜 45°，具體講是從頭頂經頸、背、腰、臀、後直腿至腳跟而形成一體的 45°斜線。定勢時姿勢的「正」，則是從身型側面所示，要求「三尖相對」，即鼻、膝、腳三尖

形成垂直對正線。同時兩肩、兩髖（胯）均要求不傾不斜，力求平正。隅弓步亦如此。

（五）身法

吳式太極拳身法要求「立身運行」。如正弓步，斜中正身型變化的運動過程要求先提頂（神貫頂），再遠視前方，從而立身斂溜臀部（尾閭中正），形成正直的身法，這一過程必須連貫完整，不得有起伏現象。後退成虛步（又稱坐步）或隅弓步的變化（如野馬分鬃等）亦都如此。

身型和身法是「定」與「動」的區別，定勢為身型，動勢為身法。定勢斜中寓正，動勢立身運行。

（六）步型

吳式太極拳為川字步型，有正弓步和隅弓步之分，也有弓步指向的意思。按傳統的講法，正弓步似「日」字形，隅弓步似「曰」字形，也可以說是一個長方形採取豎向和橫向兩

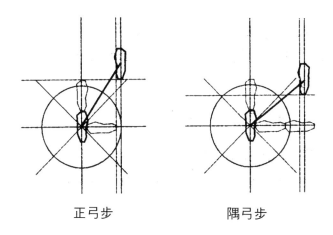

正弓步　　　　　　　隅弓步

種不同的方法放置。上面用兩個八方線的方位
圖示意正、隅弓步步型的要求。

　　註：

　　1.正弓步兩腳間的橫向距離從兩腳內側算
起為一腳長，兩腳間的縱向距離從左腳的腳尖
到右腳的腳跟為一腳長。

　　2.隅弓步兩腳間的橫向距離從兩腳的內側
算起為一腳半長（只可大於一腳半，不可小
於），兩腳間的縱向距離從左腳的腳尖到右腳
的腳跟為半腳長。

　　正、隅弓步的運用，是根據上肢動作方向
與幅度的不同而選定的。例如，摟膝拗步是向
前方推掌，適用於正弓步型；而野馬分鬃是向

斜側方向舒展的動作，適合於隅弓步型。

1.弓步

分為正弓步和隅弓步兩種。在套路中正弓步運用為主，如攬雀尾、摟膝拗步、進步搬攔捶、左右倒卷肱、撇身捶、摟膝指襠捶等。隅弓步如左右野馬分鬃、左右穿梭。

2.馬步

有大、小馬步之稱，要求兩腳開立下蹲，間距約 2～3 腳，腳尖外撇約 30°，兩膝與腳尖同方向，下蹲時膝不可超過腳尖，如閃通背、正單鞭。

3.虛步

虛步大多是由正弓步變後坐時的步型，要求一腿屈膝半蹲，全腳著地，腳尖朝前或微外撇；另一腿微屈，前腳掌或腳跟著地，如攬雀尾腳跟著地、海底針腳尖著地。

4.平行步

要求兩腳分開，腳尖朝前，屈膝下蹲或自然直立，兩腳外緣與肩同寬，如太極起勢、合太極勢。

（七）步法

進退步法的運動路線要求走內弧，定勢時要求兩腳尖基本向同一方向，成平行步，前腳尖要正，後腳尖外展不得超過20°。

1.上步

要求一腿支撐，另一腿提起經支撐腿內側向前上步（內弧），腳跟先著地，隨著重心前移，全腳著地，如攬雀尾的第一動、摟膝拗步等。

2.退步

退步與進步方向相反，方法相同。惟後退時腳尖先著地後全腳著地，如倒卷肱。

3.側行步

要求一腿支撐，另一腿側向開步，腳跟先著地，隨著重心橫移，全腳著地，逐漸過渡為支撐腿，腳尖外展約30°，如單鞭的左腳橫開動作。

4.扣步

從前傾時的斜中正變為立身行的身法調整，向左或向右內扣腳尖，是實腿內扣的獨特

方法，要求支撐腿的腳尖內扣約 45°，如攬雀尾第三動的左腳尖內扣、撇身捶的左腳及穿梭的右腳等。

5.碾步

要求以前腳掌為軸，腳跟內收，如攬雀尾第三動的右腳內收、倒卷肱第一動的右腳尖內扣與腳跟內收動作、右穿梭的左腳內收動作等。

（八）眼法

1.定勢

目視前方（前手或後手），沿著拇指的方向平遠視，如摟膝拗步的前推掌時看前方、野馬分鬃時看後手。

2.動勢

眼神隨著動作的運動方向而變化，應由近及遠，再由遠及近，同時做到精神貫注，意動勢隨，動意相合，神態自然。不但要神注於前，還應意留於後，不能只知瞻前而不顧後，丟失神意之態。

三、初學者注意事項

（一）不要急於求成。學習動作要先易後難，循序漸進。

（二）抓住重點。首先把基本動作做得規範、紮實，練好一般動作。在練習時要細心、認真地把手法、步法、身法把握住，再進一步練習難一些的動作，切不可貪多求快。

（三）先求外形的規範，再練內在的勁力、意識、神態，以求內外相合，拳理合一。

四、練習步驟

（一）明拳理

這是悟其法和健體之根本，少走彎路，必然進步快。吳式太極拳的風格、特點要求學者認真體悟太極拳的理論、技藝和健身的真諦。

（二）講科學，求規範

動作的規範要求先從定勢的規範開始，然後再進行動勢的規範，定與動的練習階段要明確。對每個動作、姿勢要在方法合理的基礎上力求符合人體的生理結構，還要符合人體運動的力學規律。

（三）內外合

動作規範後，再進一步練好上下相隨，勁法順暢，要求內在「四功」即心、神、意、念的合理運用，形成內外相合。

五、套路練習前的準備

　　練習簡化十三式太極拳，要求身體各部位做好充分的準備，以便提高健身功效。具體要求如下：

　　面（胸）向正南，自然步站立，兩腳分開約 10～15 公分，虛心靜體，全身鬆合；頭正頂平，意領上懸，含胸、鬆肩、拔背、鬆腰斂臀；雙臂自然下垂，空腋，肘下沉略外展，掌心向內，指尖向下；眼向前平遠視，舌尖舐上腭，自然調息；全神貫注於體內外，既要神注於前，又要意顧於後；既要頂頭懸，又要腳踏平穩似入地，感覺周身輕鬆，心靜體舒。

　　遵照上述要求，經過意識檢查，調整周身各部位要領，完成後，將意念貫注於兩掌指尖，重心（體重）在兩腳中間（即平分兩腿）。再靜立站樁約 1～2 分鐘後開始練習套路。

吳式太極拳十三式
動作圖解

一、說　明

（一）為了表述清楚，圖像和文字對動作作了分解說明，打拳時應力求連貫銜接。

（二）在文字說明中，除特殊註明外，不論先寫或後寫身體的某一部分，各運動部位都要協調活動，運動有序，不要先後割裂。切記「一動無有不動」之句的要意。

（三）方向轉變以人體為準，標明前、後、左、右。必要時也假設以面向南起勢，註明東、南、西、北。

（四）圖上的線條是代表這一動作到下一動作經過的路線和部位。左手左腳為虛線（·······▶），右手右腳為實線（———▶）。個

別線條的角度、方向等因受平面圖形的限制，可能不夠詳盡，應以文字說明為準。

（五）某些背向、側向動作，增加了附圖，以便對照。

二、動作名稱

第一式　太極起勢

第二式　右攬雀尾

第三式　左右摟膝拗步

第四式　進步搬攔捶

第五式　右左野馬分鬃

第六式　左右倒卷肱

第七式　右海底針

第八式　左閃通背

第九式　撇身捶

第十式　摟膝指襠捶

第十一式　左右穿梭

第十二式　正單鞭

第十三式　合太極勢

圖1

三、動作圖解

第一式　太極起勢（面向正南）

動作一：

　　兩腳併攏，身體舒鬆，自然站立。肩臂鬆
垂，兩手輕附於大腿外側，指尖向下，掌心向
裡。眼看前方（圖1）。

圖2

動作二：左腳橫移

左膝鬆力微屈，重心逐漸移於右腿；左胯微舒，左腳向左橫移，大趾虛著地，同時虛領頂勁，兩腳內側寬度為一橫腳。眼神向前平遠看，意在兩掌指尖（圖2）。

【要點】：

左膝鬆提右腳踩，左腳開步齊肩寬；
不前不後拇指點，右實左虛應分明；
一腿支撐身型正，虛領頂勁視線平。

圖3

動作三：兩腳開立

左腳漸落平，兩腳外緣同肩寬，重心在兩
腳中間。眼仍平看前方（圖3）。

【要點】：

右膝鬆力左腳平，身不搖晃腳踏實；

兩腳平行胸內含，瞻前顧後鬆兩肩。

圖4

動作四：兩腕前

兩掌指尖微鬆，以指引兩腕向前舒伸，兩
臂向前上方緩慢內旋舉起，兩腕同肩高，兩臂
微屈，掌心斜向下，兩掌同肩寬，意在兩腕
（圖4）。

【要點】：

掌心相對緩伸起，掌心轉下伸變提；
腕向上領指下垂，兩腕高寬與肩齊；
兩臂運行如水中，意識貫注肩放鬆。

圖5

動作五：兩掌下採

兩膝鬆力，身體漸向下蹲，膝蓋與腳尖垂直。提頂、鬆腰、溜臀，重心在兩腿之間。同時，屈臂兩掌下按落至大腿外側，掌心向下，指尖向前，拇指貼近大腿（圖5）。

【要點】：

鬆腕舒指屈膝蹲，兩掌下按要收臀；
坐腕適度胸內含，膝齊腳尖頭頂懸。

圖6

第二式　右攬雀尾

動作一：左抱七星（左看勢）

　　重心移到右腿；左腳向前上步，腳跟著
地。同時，兩手領臂經外向前上方、向裡畫弧
合抱至胸前，左掌心向裡，指尖斜向右前上
方，拇指對鼻尖；右手附於左前臂內側，手心
斜向下，食指尖與左手拇指斜相對成一斜線，
腕與胸平，兩臂微屈。眼看左手，意在左掌
心，成左虛步（圖6）。

圖7

【要點】：

重心右移提左膝，左腳上步腳尖翹；

右腿坐實要收臀，雙臂前掤背後撐；

肘肩直線不內外，肘腕食指成一線；

記住拇指找鼻尖，身型中正看勢成。

動作二：右掌前擠

屈左膝，左腳尖落地踏實，重心前移成左正弓步。同時，左前臂橫置於胸前，手心向裡，指尖向右；右手附於左腕部向前擠出，手心向前，手指向上。眼看前方，意在右掌心（圖7）。

圖 8

【要點】：

送臀前移腳尖落，右掌前擠貼左腕；

左掌橫切鬆手腕，注意身法斜中正；

別忘提頂胸內含，川字步型成正弓。

動作三：右抱七星（右看勢，方向正西）

左腳以腳跟為軸腳尖內扣約 45°；右腿向右上步，腳跟著地，成右虛步。同時，立身上體右轉。右手隨之經左手拇指上方向右畫弧，

圖9

漸轉漸翻掌外旋，沉肘置於面前，手心向裡，
指尖斜前上方，拇指對鼻尖；左手內旋翻掌，
附於右前臂內側中間，手心向下，食指尖與右
手拇指斜相對成一斜線，腕與胸平。眼看右
手，意在右掌掌心（圖8、9）。

【要點】：

身體右轉漸立身，四十五度腳內扣；
雙掌抹翻立身行，右腳上步腳尖翹；
鬆腰鬆胯胸內含，收頦拔背神貫頂。

圖 10

動作四：左掌前擠（胸向西）

與動作二相同，惟動作左右相反（圖
10）。

圖 11

動作五：右掌回捋

右手以小指引導向右前方舒伸，右掌內旋向下，右臂舒直成下弧，腕與肩平，右手與兩腳成一右前斜線；左掌同時外旋向上，中指尖附於右手腕處（圖 11）。

圖12

上動不停，重心後移於左腿；右腳尖翹起，腳跟著地，右膝微屈，成右虛步。身體微右轉。隨之右手向右、向下畫外弧回捋至右胯旁，手心向下，指尖向前；左手仍附於右前臂內側，掌心向上，橫置於腹前。眼看右手，意在右掌心（胸向右前45°）（圖12、附圖12）。

附圖 12

【要點】：

鬆肩旋腕指前伸，掌心向下右平伸；

先鬆左腿向後坐，向右旋腰斜下捋。

圖13

動作六：右掌前掤

上體左轉 90°。右腳落平，重心微前移。同時，右手外旋，手心向上、向左前約 45°伸出，手與胸高；左手內旋，手心向下（圖13）。

【要點】：

左轉翻掌右腳踩，掌心向上左前伸；

伸出方向 45°，鬆腰鬆胯腳尖落。

圖14

　　上動不停，上體右轉，重心移向右腿成右
正弓步。同時，右手繼續向前、向上、向右畫
弧至右前方，腕與肩高；左手附在右臂內側。
眼看右手，意在右掌心（圖14）。

【要點】：
重心連續朝前移，旋腰右掤至右前；
記住方向是右前，手腳協調要注意；
頂、身、步型斜中正。

圖 15

動作七：右掌後掤

重心後移於左腿；右腳尖翹起，成右虛
步。同時，上體右轉。右臂屈肘外旋，手腕畫
弧平托至右肩處，掌心向上，指尖向右後約
45°，手與耳同高；左手附於右前臂內側隨之
運轉，指尖向上。眼看右手，意在右掌心（圖
15、附圖15）。

附圖 15

【要點】：

　先鬆左腿向後坐，身體右轉向後移；後坐旋腕向外掤，立身托掌 45°宜（指尖方向）；斂臀坐胯腳尖翹，進退旋轉立身行。

圖 16

動作八：右掌前按

　　腰微鬆，右肘微向前下鬆垂沉轉。右腳尖
內扣，身體左轉（正南）；重心仍在左腳，成
倒八字步。同時，右手隨體轉向南按出，右掌
繼續向右前方畫外弧平捋再沉肘按出，掌心向
前，指尖向上（西南），臂型成下弧；左掌隨
之外旋置於右前臂內側，掌心向裡。鬆腰，右
膝前弓，重心移於右腳。眼看右手，意在右掌
心（圖 16、17）。

圖17

【要點】：

身體左轉扣腳尖，立掌前按背後撐；

向右平捋重心移，虎口向上肘下垂；

肩鬆指伸微坐腕，兩掌虛實要分明。

圖18

第三式　左右摟膝拗步

動作一：左掌摟按

左腳碾轉，腳跟內收提起，腳尖著地，再向左前方上步，腳跟著地，腳尖翹起。同時，上體左轉。左手內旋，手心翻轉向下經胸腹向左下畫弧摟至左膝前，指尖向前；右手屈腕外旋提置於右耳旁，手心向裡，指尖向異側45°。眼看左手（圖18、19）。

圖 19

【要點】：

左掌內旋外下捋，上體左轉收腳跟；

右腕外旋耳側提，左腳擺步腳跟落。

圖20

動作二：右掌前推

左腳尖下落，全腳踏實；右腳跟外展，重心前移成左弓步（胸向東）。同時，右手指前引內旋推出，腕與肩平，手心向前，手指向上，臂型成下弧；左手摟至左膝外側上方。眼看右手，意在右掌心（圖20、附圖20）。

附圖 20

【要點】：

手指引進重心移，送臀折胯腳落平；

沉肩坐腕指對膝，虎口向上頭頂懸。

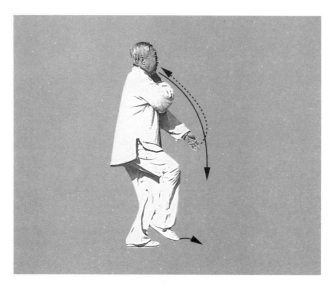

圖 21

動作三：進步捋按

右腿屈膝提起，經左腿內側向右前方上
步，腳跟著地，成右虛步。同時，右手屈肘向
左平捋至左肩前，再經胸腹向下、向右摟至右
膝外側上方，手心向下，指尖向前；鬆左腕，
左手屈臂立圓向上挑，再屈腕上提至左耳側，
手心向裡，指尖向異側 45°。眼看右手（圖
21、22）。

圖 22

【要點】：

右掌平捋畫弧收，提頂立身右膝提；

右腳落地掌摟按，左腕立圓耳側提；

手指引進前推出，鬆腰溜臀胸內含。

圖 23

動作四：左掌前推

右腳尖下落，全腳踏實，重心前移成右正
弓步。同時，左手指引掌向前內旋推出，腕與
肩平，手心向前，指尖向上，臂型成下弧；右
手摟至右膝外側上方，手心向下。眼看左手，
意在左掌心（圖23、附圖23）。

附圖 23

【要點】：

與動作二相同，惟動作左右相反。

圖 24

第四式　進步搬攔捶

動作一：左掌下按

上體微右轉，重心微前移。右手外旋握拳微向前移，拳眼向上；左掌向右下橫按在右拳上。眼隨左掌（圖 24）。

【要點】：

左掌舒指右下按，右掌外旋漸握拳；

拳掌相合胯右前，手眼相合頂頭懸。

圖 25

動作二：左掌前掤

左腳提起向前上步，腳跟著地，腳尖翹起。同時，拳掌隨腰右轉。左腳踏實，重心前移成左正弓步。隨重心移動，上體左轉，拳掌一同經胸前向左前方畫弧掤至左前，左腕與肩平，手心向下，指尖向前；右拳在左掌下隨之。眼看左手（圖 25、26）。

圖 26

【要點】：

右拳外轉肘為軸，左膝提進腳跟落；

掌拳相合斜上掤，送臀沉胯腳落平；

左前上方約 30°，重心前移弓步成。

圖27

動作三：左掌回捋

右腿屈膝，重心後坐，左腳尖翹起，成左虛步。上體微左轉。同時，左掌右拳隨轉體向左、向下畫弧至左胯旁，左手心向下，指尖向前；右拳心向裡橫於腹前。眼看左手，意在左掌（圖27、附圖27）。

附圖 27

【要點】：

右腿鬆屈漸後坐，左轉外弧向下捋；

掌拳捋至左胯前（搬），右拳橫腹眼看

左。

圖 28

　　上動不停，上體繼續右轉（胸向東）。隨之左手向前、向上攔出，手心向右，指尖斜向上，腕與肩平，拇指對鼻尖；右拳經腹前收至右腰側，拳心向裡，拳眼向上。眼看左手，意在左掌心（圖 28）。

【要點】：
　　身體右轉掌拳分，左掌前攔變立掌；
　　右拳沿腹收腰間，拳眼向上眼前看（攔）。

圖 29

動作四：右拳前伸

左腳尖落平，重心前移成左正弓步。同時，右拳向正前方打出，拳與胸高，拳眼向上；左手微收，附於右前臂內側。眼看右拳，意在右拳面（圖 29）。

【要點】：

鬆腰送臀腳尖落，身體微左重心移；

右肩鬆沉拳沖出，逐漸弓步掌附臂（捶）。

圖 30

第五式　右左野馬分鬃

動作一：兩掌內合

右腳向右前約 60°上步，腳跟著地，腳尖
上翹，成左隅虛步。上體微右轉。同時，右拳
變掌，向左落至左膝外側，手心向外，指尖向
下；左手屈肘回收至右肩前，手心向外，指尖
向上，兩臂形成交叉。眼看右前方，意在右掌
心（圖30、31）。

圖 31

【要點】：

重心前移提右膝，左掌前掤右肩前；

掌心向右外撐圓，提頂立腰右腳進；

腳尖翹起右膝屈，右拳變掌捋劈下；

掌心向外左膝旁。

圖 32

動作二：右肩右靠

　　兩腿屈膝，重心漸右移，右腳落平踏實，經半馬步成右隅弓步。同時，兩手相對在胸前，前臂持平相合，隨之右掌向上、向右掤至右前上方，手心向上，指尖指向 45°；左掌向下、向左至左胯旁，手心向下，指尖斜向前（虎口向正前）。眼看左手（圖 32、33）。

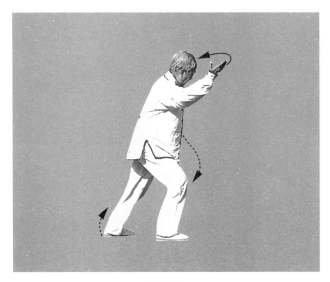

圖33

【要點】：

斂臀沉胯腳尖落，左伸右屈鬆腰胯；

半馬形成掌心合，兩掌分開重心移；

折胯肩靠臂伸展，身型步法斜中正。

圖 34

動作三：兩掌內合

與動作一相同，惟動作左右相反（圖34、35）。

圖 35

圖 36

動作四：左肩左靠

與動作二相同，惟動作左右相反（圖
36、37）。

圖 37

圖 38

第六式　左右倒卷肱

動作一：右掌下按

鬆屈右腿，重心後移，隨之立身前視，左腳尖翹起，身體微右轉而扣腳尖，內收腳跟再翹起腳尖成虛步。同時，左掌內旋，向右、向下、向左畫弧按於左胯前，再鬆左腕，左手屈肘外旋，屈腕提收至左耳側，掌心向內，指尖

圖 39

向異側 45°；右掌向外、向前上方再向左下畫
弧按落於腹前，與左腳尖相對，掌心向下，指
尖斜向左前。胸向左前方，身微前俯。眼看左
前（圖 38～40）。

圖 40

【要點】：

神領左轉視正前，右腿彎曲重心移；

左掌下按腳內扣，右掌起時收腳跟；

繼續左下按腳尖，身體左轉 45°；

含胸斂臀頭頂懸。

圖 41

動作二：左掌前推

左腿屈膝提起，經右腿內側畫弧向左後方撤步，左腳落平，腳跟外展，成右正弓步。同時，左掌以指引內旋，從耳側向前推出，腕與

附圖 41

肩平，掌心向前，指尖向上，臂成下弧；右手
向右下方畫弧按至右胯旁，手心向下，指尖向
斜前（虎口向前）。意在左掌心，眼看左手
（圖 41、42）。

圖 42

【要點】：

提膝提腕身調正，左腕外掤左耳側；

左腳後撤掌前推，虎口向上臂下弧；

雙腳踏實川字步，眼視前方斜中正。

圖 43

動作三：左掌下按

與動作一相同，惟動作左右相反（圖43）。

圖 44

動作四：右掌前推

　　與動作二相同，惟動作左右相反（圖44、45）。

圖 45

圖 46

第七式　右海底針

動作一：右掌前指

重心後移，右腿屈膝；左腳尖翹起成左虛步。同時，右手鬆腕外旋前伸，掌心向左，指尖向前；左手鬆腕外旋落於胯旁，掌心向內，指尖向下（圖46、附圖46）。

附圖46

【要點】：

右腿鬆屈向後坐，右腕外旋指向前；

腕與肩高肘微垂，左腳尖翹膝微彎；

左掌外旋指向下，自然舒鬆意貫指。

圖 47

動作二：右掌下插

重心繼續後移，左腳回收至右腳左前方，腳尖著地，兩腿屈膝下蹲。同時，鬆右腕，右臂微屈下指，垂落於體前，指尖離地面約20公分，手心向左，指尖向下；左手前伸畫弧屈臂平抨收至右肩前，手心向外，指尖向上。眼看右手（圖47）。

【要點】：

左膝提起收半步，右掌下插屈身蹲；

左掌平抨至右肩，掌心向右臂掤圓。

圖 48

第八式　左閃通背

動作一：兩掌前伸

　　右臂向上、向前挑起平舉，手心向左，指尖向前，腕與肩平，再右掌內旋，手心漸轉向下；左手內旋落至右上臂下方，掌心翻轉向上，指尖向右，沿右臂向前伸出，兩掌心相對虛合，兩手指尖均向前，相距約一拳。同時，左腳向前進步，腳跟著地。眼看右掌，意在右掌心（圖 48、49）。

圖49

【要點】：

右掌挑起肩為軸，左掌內旋向前伸；

掌心相對與肩平，左膝提起前進步。

動作二：左掌前按

接上動，身體右轉（胸向南）。左腳尖內扣落平；右腳以前腳掌為軸腳跟內收，兩腿屈膝成馬步。同時，右臂屈肘內旋向右上畫弧翻掌架至右額上方，手心向上，指尖向左；左手

圖 50

沿右臂下方向前推出，腕與肩平，手心向左前
方約 45°，左臂成下弧。眼看左手，意在左掌
心（圖 50）。

　【要點】：

　重心前移變馬步，兩掌旋腕漸分開；

　左掌前推 45°角（東南），虎口向上微坐
腕；右掌上弧右額旁，掌心向外斜向上；溜臀
沉胯胸內含。

圖 51

第九式　撇身捶

動作一：分掌對拳

上體右轉，左腳內扣（胸向西南）。右腳跟內收，腳尖著地，成右虛步。同時，兩臂微屈，由上向外、向下畫弧收至腹前，兩掌變拳，拳心均向下，拳眼向內。眼看右前（圖51、52）。

圖 52

【要點】：

重心左移右虛步，腰胯沉時拳相對；

兩掌畫弧扣左腳，眼看右前須立身。

圖 53

動作二：弓步撇捶

　　右腳稍向右移步，左腳跟外展，成正右弓步。同時，右拳外旋，向上、向右前方畫弧下打，腕與肩同高，拳心向上；左掌輔於右臂內側上。眼看右拳，意在右拳背（圖53）。

　　【要點】：

　　右轉擺步變弓步，右拳撇出左掌輔；
　　鬆腰合胯神貫頂，斜中寓正身步成。

圖 54

第十式　摟膝指襠捶

動作一：進步摟膝

　　左掌前伸，向左下摟出，掌心向下，指尖
向前；右拳鬆落下沉回抽，屈腕上提變掌提於
右耳側，手心向內，指尖向異側45°。同時，
提頂立身，提左膝進步，腳跟著地，成左虛
步。眼看左手（圖54～56）。

圖55

【要點】：

提頂立身左膝提，拳掌交錯前後行；

左掌摟膝左下按，左腳邁出膝微屈。

圖 56

圖 57

動作二：弓步進捶

左腿屈膝，重心下沉前進，成左正弓步。
同時，右掌變拳，向體前斜下方伸打，拳高於
腹，拳眼向上；左手屈臂回捋附於右臂內側。
身法斜中正。眼看右拳，意在拳面（圖 57）。

【要點】：

溜臀沉胯身前移，屈腿弓膝成弓步；

左掌右拳斜下打，身型神意指襠捶。

圖 58

第十一式　左右穿梭

動作一：虛步前掤

重心前移，提右膝經左腿內側向右前方上步，腳跟著地，成右隅虛步。同時，右拳外旋，向斜上方，拳心向上；左手附於右前臂內側。眼看右拳（圖 58、59）。

圖 59

【要點】：

提頂立身右膝提，溜臀立腰進右腳；

右拳外旋向前掤，左掌附按右臂中。

圖 60

動作二：弓步前掤

重心前移，成右隅弓步，上體右轉。同
時，右拳變掌隨體轉向右、向上畫弧穿掤至右
前方，手腕同肩高，手心向上；左手仍附於右
臂內側。眼看右手（圖 60）。

【要點】：

送臀落胯拳變掌，重心前移腳落平；

右拳變掌左掌隨，弓步形成右前掤。

圖 61

動作三：虛步後掤

重心後移，左腿屈膝，右腳尖翹起，成右
虛步，上體右轉。同時，右手屈臂向右後旋腕
至右肩上方，手心向上平托；左掌附於右臂內
側，掌心向右，指尖向上。接著上體微向左
轉，右掌心內旋上托；左掌外旋沉肘落於胸
前，掌心向上，指尖向右前。眼神回收胸前
（圖61）。

【要點】：

先鬆左腿向後坐，身體右轉重心移；

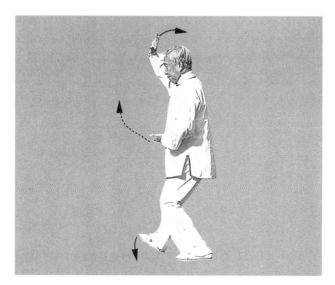

圖 62

後坐旋腕右後掤，立身托掌 45° 宜；
斂臀合胯腳尖翹。

動作四：弓步推掌

右腳尖落地踏實，重心前移，成右隅弓
步，上體右轉。同時，左手內旋向前推出，腕
同肩高，掌心向前，指尖向上，肘微屈成下
弧；右手屈肘架於右額上方，手心斜向上。胸
向右前方（西北），眼看左手（圖62、63）。

圖63

【要點】：

溜臀進胯腳落平，右掌上托臂撐圓；

重心前移成弓步，左掌內旋推向前（右
45°）。

圖 64

動作五：左轉合穿

重心不變，向左轉體，右腳尖內扣；左腳
掌為軸，腳跟內收，左腳尖翹起，向左側邁出
（隅方向），腳跟著地，成左虛步。同時，左
手屈臂外旋收於胸前，掌心向上；右手屈臂下
落在左掌上方，掌心向下，指尖向左前方 45°
引穿。眼看東南方（圖 64、65）。

圖 65

【要點】：
左腿彎曲向左轉，右扣左碾立身旋
（指兩腳變化，收腳跟）；
右按左托合胸前，左掌托肘右掌穿；
神意相隨胸內含。

圖 66

動作六：弓步前掤

　　與動作二相同，惟動作左右相反（圖
66、67）。

圖 67

圖68

動作七：虛步後掤

　　與動作三相同，惟動作左右相反（圖
68）。

圖 69

動作八：弓步推掌掤

與動作四相同，惟動作左右相反（圖
69、70）。

圖 70

圖 71

第十二式　正單鞭

動作一：右掌捌按

右腿屈膝後坐，向右轉體；左腳尖微起內扣；右腳跟為軸腳尖外展約 20°～30°，成右弓步。同時，右手上挑向右捌臂，內旋翻掌下按，落於右側（正西），掌心向下，指尖向前；左掌放鬆下落隨身體右轉置於右膝內側，

圖 72

掌心向右，指尖向下。眼看右掌（圖 71、
72）。

【要點】：
　右腿屈膝虛變實，左按右掤立身行；
　左下右上要協調，右掌下按左腳扣。

圖73

動作二：馬步平捋

重心微向右移。左腳提起調整步法向左側下落，兩腿屈膝成馬步，兩腳在一橫線上，腳尖外展不得超過30°。同時，右掌鬆腕變勾，勾尖向下，腕與肩平；左掌向上伸至右腕內側，掌心向內，指尖斜向上，經體前向外、向左畫弧平捋，翻掌內旋向左前推按（約60°），腕與肩平，掌心向前（東南方向），拇指對鼻尖，指尖向上。眼看左前方（圖73～75）。

圖 74

【要點】：

右掌變勾調左腳，神注勾頂成弓步；

左掌平捋變馬步，手眼相合腕肩平；

提頂立身指對鼻，鬆腰鬆胯神貫頂。

圖 75

圖 76

第十三式　合太極勢

動作一：兩掌平展

　　左腕放鬆，左掌向左舒長，掌心向下；右
勾變掌，掌心向下，指尖右伸。同時，重心移
於右腿，身隨右轉；左腳跟虛起，成右側弓
步。視線先隨左掌微向左移動，後平轉看右
掌，意在右掌心（圖76）。

圖 77

【要點】：
意領神隨向右轉，鬆腕舒指勾變掌；
重心右移略伸掌，側弓步成兩臂平；
掌心向下肩鬆沉。

動作二：併步合按

屈兩臂，兩肘同時放鬆，兩掌以食指引導
向裡合到胸前，食指尖相對，掌心朝下。身亦
轉正，腰微鬆。收回左腳成自然步，屈膝下

圖 78

蹲，腳跟落平。眼隨右掌，轉向正前，平遠視
（圖 77、78）。

【要點】：

兩臂屈收指領勁，左腳提起並內收；

雙腳平行同肩寬，屈臂合按掌胸平；

尾閭中正神貫頂，視前顧後背圓撐。

圖 79

動作三：雙掌下落

　　兩手以指尖向前引伸，與肩平，同肩寬，
隨即鬆肩，臂自然下落。同時，提頂豎背，起
身站起，兩臂外旋垂下，收於兩胯旁，掌心向
內，指尖向下。眼看前方（圖79、80）。

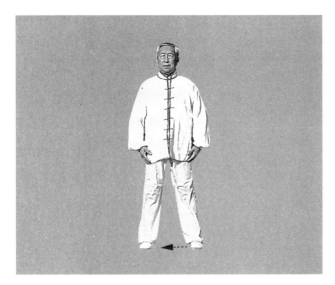

圖 80

【要點】：
兩指前伸肘為軸，鬆肩墜肘胸內含；
緩緩落掌漸起身，配合協調要做到。

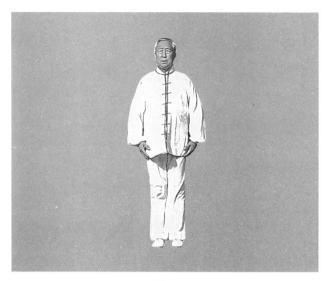

圖 81

動作二：左掌前推

提頂立身，重心右移。左腳向右靠攏合併
成自然步站立，兩腳間距 10～15 公分，兩腳
踏平落實，自然調整呼吸，待達到鬆靜平和後
方可自然活動（圖 81）。

【要點】：

左膝提起右腳踩，身體下沉腳還原；
兩腳併拔莫晃動，腳踏實地含胸站；
引導意氣沉丹田，鬆靜調意求自然。

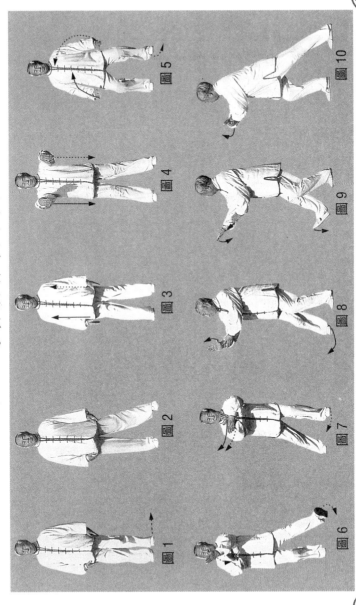

四、連續動作演示圖

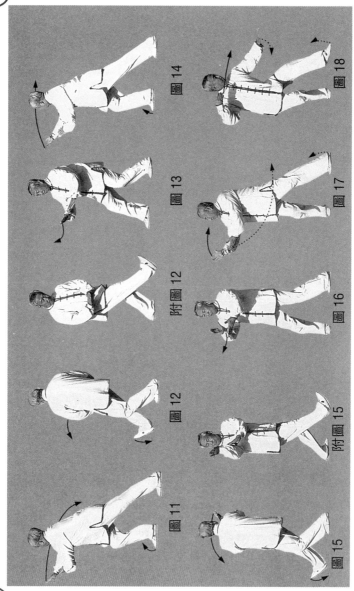

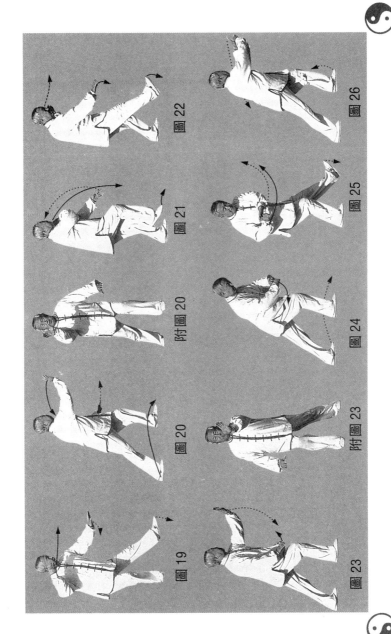

圖 19 圖 20 附圖 20 圖 21 圖 22

圖 23 附圖 23 圖 24 圖 25 圖 26

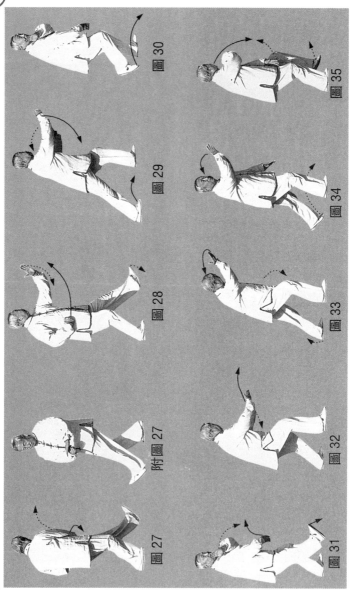

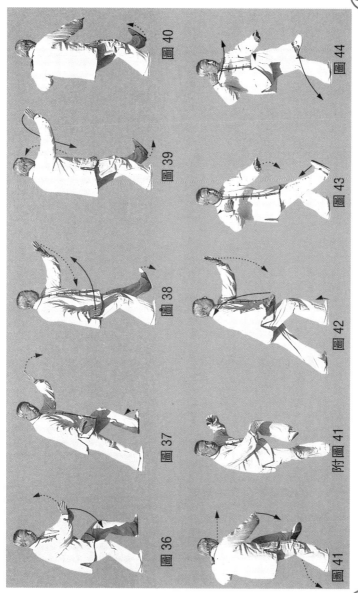

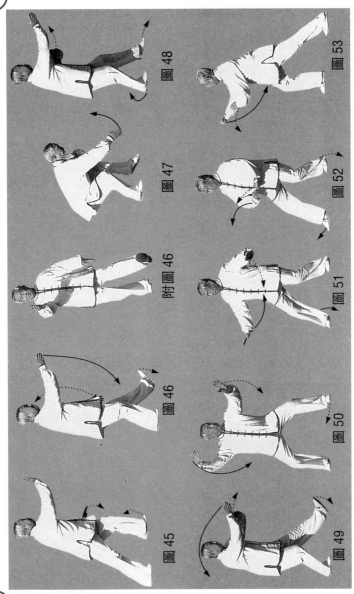

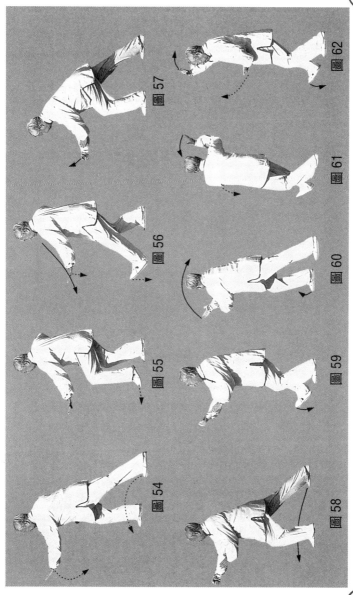

圖 57

圖 62

圖 61

圖 56

圖 60

圖 55

圖 59

圖 54

圖 58

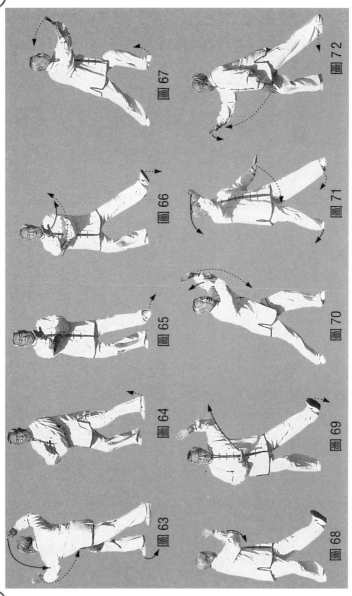

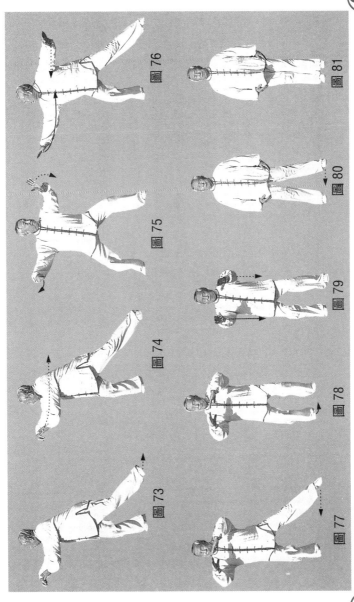

圖76 圖75 圖74 圖73

圖81 圖80 圖79 圖78 圖77

五、動作路線示意圖

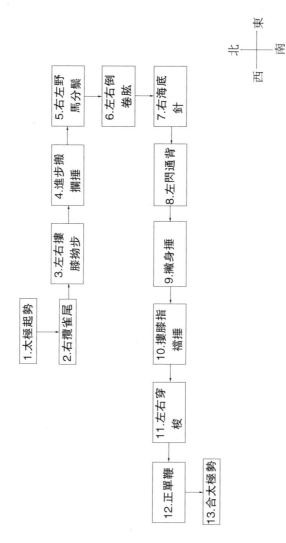

```
1.太極起勢

2.右攬雀尾 → 3.左右摟膝拗步 → 4.進步搬攔捶 → 5.右左野馬分鬃
                                                        ↓
                                              6.左右倒卷肱
                                                        ↓
11.左右穿梭 ← 10.摟膝指襠捶 ← 9.撇身捶 ← 8.左閃通背 ← 7.右海底針
   ↓
12.正單鞭 → 13.合太極勢
```

北
西 ─┼─ 東
南

大展出版社有限公司
品冠文化出版社

圖書目錄

地址：台北市北投區（石牌）　　電話：（02）28236031
　　　致遠一路二段 12 巷 1 號　　　　　　28236033
郵撥：01669551＜大展＞　　　　　　　　28233123
　　　19346241＜品冠＞　　　傳真：（02）28272069

・少 年 偵 探・品冠編號 66

・生 活 廣 場・品冠編號 61

・女醫師系列・ 品冠編號 62

・傳統民俗療法・ 品冠編號 63

・常見病藥膳調養叢書・ 品冠編號 631

46. <珍貴本>陳式太極拳精選　　　馮志強著　280 元
47. 武當趙保太極拳小架　　　鄭悟清傳授　250 元
48. 太極拳習練知識問答　　　邱丕相主編　220 元
49. 八法拳　八法槍　　　　　武世俊著　220 元
50. 地趟拳＋VCD　　　　　　張憲政著　350 元
51. 四十八式太極拳＋VCD　　楊　靜演示　400 元
52. 三十二式太極劍＋VCD　　楊　靜演示　350 元
53. 隨曲就伸 中國太極拳名家對話錄　余功保著　300 元
54. 陳式太極拳五動八法十三勢　闞桂香著　200 元

・彩色圖解太極武術・ 大展編號 102

1. 太極功夫扇　　　　　　　李德印編著　220 元
2. 武當太極劍　　　　　　　李德印編著　220 元
3. 楊式太極劍　　　　　　　李德印編著　220 元
4. 楊式太極刀　　　　　　　王志遠著　220 元
5. 二十四式太極拳(楊式)＋VCD　李德印編著　350 元
6. 三十二式太極劍(楊式)＋VCD　李德印編著　350 元
7. 四十二式太極劍＋VCD　　李德印編著
8. 四十二式太極拳＋VCD　　李德印編著

・國際武術競賽套路・ 大展編號 103

1. 長拳　　　　　　　　　　李巧玲執筆　220 元
2. 劍術　　　　　　　　　　程慧琨執筆　220 元
3. 刀術　　　　　　　　　　劉同為執筆　220 元
4. 槍術　　　　　　　　　　張躍寧執筆　220 元
5. 棍術　　　　　　　　　　殷玉柱執筆　220 元

・簡化太極拳・ 大展編號 104

1. 陳式太極拳十三式　　　　陳正雷編著　200 元
2. 楊式太極拳十三式　　　　楊振鐸編著　200 元
3. 吳式太極拳十三式　　　　李秉慈編著　200 元
4. 武式太極拳十三式　　　　喬松茂編著　200 元
5. 孫式太極拳十三式　　　　孫劍雲編著　200 元
6. 趙堡式太極拳十三式　　　王海洲編著　200 元

・中國當代太極拳名家名著・ 大展編號 106

1. 太極拳規範教程　　　　　李德印　550 元
2. 吳式太極拳詮真　　　　　王培生著　500 元
3. 武式太極拳詮真　　　　　喬松茂著

國家圖書館出版品預行編目資料

吳式太極拳十三式 / 李秉慈　編著
──初版，──臺北市，大展，2004〔民 93〕
面；21 公分，──（簡化太極拳；3）
ISBN　957 - 468 - 272 - 2（平裝）

1. 太極拳
528.972　　　　　　　　　　　　　92020306

北京人民體育出版社授權中文繁體字版

吳式太極拳十三式

ISBN 957 - 468 - 272 - 2

編　　著／李秉慈

責任編輯／李彩玲

發 行 人／蔡森明

出 版 者／大展出版社有限公司

社　　址／台北市北投區（石牌）致遠一路 2 段 12 巷 1 號

電　　話／（02）28236031 · 28236033 · 28233123

傳　　眞／（02）28272069

郵政劃撥／01669551

網　　址／www.dah-jaan.com.tw

E - mail ／ dah_jaan@pchome.com.tw

登 記 證／局版臺業字第 2171 號

承 印 者／高星印刷品行

裝　　訂／協億印製廠股份有限公司

排 版 者／弘益電腦排版有限公司

初版 1 刷／2004 年（民 93 年）2 月

定　價／200 元